HISTOIRE
DE SUTHAUGUSE,

OU

LE POUVOIR DE L'IMAGINATION,

NOUVELLE HISTORIQUE;

Précédée d'un *mot* sur les *Réflexions politiques* de M. de *Châteaubriand*, et suivie de couplets sur l'héroïsme de M. *Guelon-Marc;*

PAR AUGUSTE HUS,

Fidèle sujet de S. M. LOUIS XVIII, décoré de la Fleur-de-Lys, filleul de la feue Reine de France épouse de LOUIS-LE-DÉSIRÉ; auteur de différens hommages poétiques aux Bourbons, et d'une esquisse littéraire sur Mme. de Staël.

Dans le *port du Bonheur*, sous le règne de *Louis-le-Désiré*, on ne parle des *orages* passés *sans retour* que pour sentir plus vivement notre *félicité actuelle*.

Il faut être *sujet fidèle*, et avoir donné des gages à la monarchie, pour avouer sans inconvenance et sans danger qu'on a été un moment séduit par une *fausse liberté*. Cet aveu est une grande marque de confiance. C'est le plus bel hommage qu'on puisse rendre à l'auguste *Souverain* qui nous a donné une *charte*.

PRIX, 75 centimes.

A PARIS,

Chez { LAURENT-BEAUPRÉ, au Palais-Royal;
DEBRAY, rue Saint-Nicaise, n°.

1815.

Imprimerie de POULET, quai des Augustins, nº. 9.

UN MOT

SUR L'ADMIRABLE OUVRAGE

DE M. DE CHATEAUBRIAND,

Ayant pour titre : *Réflexions politiques sur quelques Ecrits, etc.*

VOLTAIRE disait que si on voulait faire un commentaire sur *Racine*, il faudrait écrire à chaque page : *Beau ! admirable ! divin !* C'est ce qu'il faut mettre au bas des pages écrites pour la postérité, que M. de Châteaubriand vient de faire paraître sous le titre de *Réflexions politiques*. Cet ouvrage est son chef-d'œuvre. Jamais la *raison*, la vraie philosophie et la grande éloquence, qui est toujours *simple*, n'ont parlé un plus noble langage. Un tel ouvrage ne pouvait voir le jour que sous le règne *littéraire* de S. M. Louis XVIII. Le *génie* a inspiré le *génie*, et la France a un beau monument de plus à montrer à l'Europe. Heureux les rois qui font naître de pareils ouvrages ! heureux l'écrivain qui s'élève à une telle hauteur ! M. de Châteaubriand est l'*orgueil* des penseurs de la France, ainsi que la *divine* Staël ; comme S. M. Louis-le-Désiré est *les délices* de ses sujets, dont il fait le bonheur en plaçant la bonté et le génie sur le trône.

HISTOIRE
DE SUTHAUGUSE,

OU

LE POUVOIR DE L'IMAGINATION.

Je naquis le 10 juillet 1769, au pied des Alpes, d'un père et d'une mère français, qui sont revenus finir leur carrière à Paris ; et si nous étions les maîtres de nous donner des parens, je n'en aurais jamais choisi d'autres. Mon père était un artiste estimable, appartenant à une famille distinguée dans les arts, noblesse qui en vaut bien une autre ! (1) Il était doué d'un caractère sensible, et jouissait d'une réputation de probité que ses ennemis même ne lui refusèrent pas. Il aimait sa *patrie* comme dans sa jeunesse il avait chéri ses *maîtresses ;* car un *Français* a toujours eu plus d'une maîtresse. Le temple de la constance, *en amour*, n'est pas *à Paris*. Ma mère était *Parisienne*. Elle

(1) Je n'attaque jamais que les ridicules de quelques nobles, et non l'institution, respectable et nécessaire dans une monarchie.

joignait à la beauté physique celle de l'âme; un caractère énergique, beaucoup d'esprit, et une littérature brillante. Elle écrivait une lettre comme les femmes de Paris les écrivent, c'est-à-dire dans la perfection du genre ; mais elle était loin d'avoir la philosophie exempte de préjugés des *Duchâtelet* et des *Staël.* Austère dans ses habitudes, plus par respect pour elle-même que par crainte des puissances invisibles ; sage jusqu'à la rudesse lorsqu'on blessait le sentiment des convenances, *espèce de sens* qui appartient plus particulièrement *aux femmes* qu'à nous, toujours aimable en société sans jamais être libertine, elle aurait brillé à la *chaussée d'Antin*, sans *scandaliser* au *Marais* ou dans la rue *Saint-Jacques.* Je fus l'idole d'une telle mère. Son existence était attachée à la mienne. Ma mère, en me donnant le goût de la lecture, décida du sort de ma vie. Deux grandes époques pour moi furent celles que la lecture de J.-J. Rousseau produisit dans l'histoire de mes *idées*, et celle que la vue d'une jolie femme produisit dans l'histoire de mes émotions et de mes sensations. J'avais à peine seize ans lorsque mon imagination, embrasée par une surabondance de vie, qui fait sentir au jeune homme qu'il n'est pas seul sur la terre, et qui le pousse vers une *compagne* par un attrait irrésistible, qui est une des grandes vues de la Nature, m'apprit que j'avais un cœur. Alors une nouvelle carrière s'ouvre pour l'homme, en fermant la barrière qui sépare les jeux de l'enfance du temple de l'Amour. Cette révolution physique et morale, car le *moral* suit le *physique*, me procura toutes les jouissances que donne une imagination de seize ans qui n'a pas encore été flétrie par la méchanceté des hommes. Douces illusions de l'amour ! charmes du cœur dans le printemps de la vie ! on ne vous goûte qu'une seule fois. Je me trompe; l'ivresse du bonheur devait se reproduire quinze ans après, à Paris, après le premier amour *fantastique*, mais délicieux, qui ouvrit pour moi le cercle des plaisirs.

J'étais amoureux ; car je n'avais qu'une seule occupation, qu'un seul désir, et la femme qui embrasait toutes les puissances de mon être, était étrangère à mon bonheur. Si elle me remarquait, elle ne voyait en moi qu'un enfant *sans conséquence*, et j'étais comme *Chérubin*, je n'*osais* pas *oser*. Elle ignore encore le bonheur qu'elle m'a procuré ; car le vaste espace d'une place publique était entre elle et moi. Je lui faisais l'amour *en perspective*. Ce genre d'amour-là, *sublime* à *Madrid*, *ridicule* à *Paris*, n'est guère entreprenant, et peut avoir une longue durée. La femme qui excita en moi le plus violent et le *plus innocent* des amours, était la belle marquise de C.... L'Amour est un dieu teméraire, un vrai *sans-culotte*, qui ne calcule pas plus les *distances morales* que les *physiques ;* elle était *marquise*, et j'étais *roturier;* ce qui, dans le dictionnaire de quelques nobles d'une époque qui n'existe plus, veut dire un homme d'une *espèce inférieure* : c'est comme du *vin de Surène* auprès du *Champagne mousseux*. Cette considération, devenue un peu gothique, ne glaça pas mon cœur. Je ne voulais pas être chevalier de Malte, mais chevalier de l'Amour, dont les *preuves* et les *vœux* sont bien différens ; et j'avais déjà ouï dire que parfois, sans respect pour les aïeux, de très-grandes dames s'étaient humanisées pour de très-petits messieurs qui avaient l'impertinence d'être *tournés* comme des gentilshommes à trente-deux quartiers ; mais mon amour ne fut pas dangereux pour la noble race de ma céleste marquise, dont la fin tragique de son époux vint détruire nos amours.... métaphysiques. Ma belle marquise, par la mort de son époux, fut obligée de quitter la ville que j'habitais. Elle était restée sans fortune dans un siècle où *fortune* est encore plus que *noblesse* ; car notre siècle n'est pastoral qu'à l'Opéra, et une *altesse* de la *Bourse* trouve plus de crédit qu'une *altesse* qui date de la première croisade, mais qui n'a de l'or et de l'argent que dans ses *armoiries*. Le marquis de C...., qui venait d'être tué par les Français au siége de Toulon, en revenant du *Nord* où il s'était fait une réputation militaire, paraissait regretté par sa veuve, qui l'aimait autant qu'on peut aimer un mari, dans un salon doré. Elle se consolait tout doucement, ayant cependant l'air afligée pendant six mois ; car il fallait regretter trois mois de plus un époux qu'on s'était donné *sans avis* de *parens*, et en fuyant le toit paternel pour le temple de l'hymen, qui n'était encore que le boudoir de l'amour ; *escapade* dont toute la ville de.... avait retenti : mais cette femme charmante fut toujours décente, même au sein des plaisirs ; car le boudoir a aussi sa *pudeur*. Sa fortune et ses attraits disparurent : le malheur n'embellit pas ; mais l'amabilité, les grâces, et l'esprit, qui sont les attraits de tous les âges, font toujours de la veuve de ce militaire distingué une des femmes les plus intéressantes de la ville de Naples, où elle est allée fixer son séjour près du *Vésuve*, dont les laves menaçantes lui rappellent les *orages* de l'amour, le plus terrible de tous les *volcans*, et comme si le courage de son époux lui eût été légué, cette dame se montra héroïne de l'humanité, en sauvant une mère infirme et son enfant au moment que le Vésuve menaçait Naples d'une de ces catastrophes que les âmes sensibles voudraient bannir du *mécanisme de l'univers* : elle s'élança avec intrépidité sur les cendres brûlantes, au secours de ces deux infortunés qui se croyaient déjà victimes du volcan en furie, et qui parut s'apaiser en voyant une femme délicate se dévouer à la mort pour des infortunés en danger. On voit par cet amour romanesque que la nature m'avait donné une imagination brûlante et un cœur sensible. Je te rends grâces, ô Nature! Avec ces deux facultés on brave les méchans et les sots. A l'égard de la lecture de *Rousseau*, qui fut suivie de celle de Raynal, de l'universel Voltaire, honneur éternel de la France; de Diderot, de Montesquieu et d'Helvétius, tous malheureux morts sans confession, elle me donna le goût de la philosophie, et je me promis de ne plus suivre à l'avenir que la voix de la *raison*, guide de l'*honnête homme*, et d'aimer la *vertu*, nécessaire pour notre propre bonheur temporel, indépendamment d'aucune récompense surnaturelle.

J'étais dans l'âge de toutes les espèces de désintéressement. La jeunesse et les cœurs amoureux ne conçoivent que ce qui est *grand, noble* et *généreux* : le sublime et la perfection leur paraissent naturels, et ils se passionnent pour le *beau moral*, qui malheureusement n'est que le beau.... idéal. J'en fis l'expérience, comme vous allez le voir. J'avais près de dix-neuf ans, lorsque par une suite des conseils de ma mère, je fus obligé de faire un voyage à Paris.

La place de mon père n'était pas de mon goût, car il me fallait combiner des mouvemens mécaniques, lorsque je ne voulais que combiner des idées, et de là date toutes les vicissitudes de ma vie ; car, malheur au jeune homme qui n'aime pas l'état qu'il embrasse : l'infortune l'entoure de toutes parts, et les efforts qu'il fait pour sortir d'une position pour laquelle il ne se sent pas destiné, le jettent presque toujours dans un abîme de maux incalculables. C'est en 1787 que je fis mon premier voyage à Paris. Cette ville enchanteresse, qui fait tourner la tête au jeune homme et souvent au vieillard, était dans cet état d'agitation morale qui précède et annonce les révolutions politiques. On *était las d'être heureux*, et on voulait des changemens, à quel prix que ce fût. L'assemblée des notables dévoilà quelques abus très-supportables et qu'on exagéra. Le nom des *Etats-généraux* se fit entendre ; alors tout le monde se crut législateur et fait pour gouverner l'Etat : l'illusion fut presque générale. A chaque coin des rues on trouvait un *Solon;* un sybarite faisait le *Lycurgue*, un *traitant l'Aristide; Caton* était dans un *boudoir; Lucrèce* allait au bal de l'Opéra ; *Virginie* donnait de petits soupers musqués ; *Platon* logeait dans un *galetas*, et *Diogène* dans un *salon doré*. Peu de temps après mon retour de Paris à..... le canon qui renversa la Bastille se fit entendre dans tout l'univers. Ma tête fermenta comme celle d'un jeune homme qui croit que toutes les *abstractions* peuvent se réaliser, et que tout ce qui est *beau* sur le papier est exécutable, parce que n'ayant pas encore approfondi l'homme en société, il combine des êtres sensibles, *passionnés* et irritables comme des machines de mécaniques qui obéissent sans écarts aux lois physiques qu'on leur impose ; alors j'ignorais que presque toujours le mieux est l'ennemi du bien : et je crus que les jours d'Astrée, de Saturne et de Rhée allaient reparaître dans notre vieille Europe. Cette illusion n'a rien de honteux ; dans les *erreurs* même qui tiennent à la *liberté*, il y a quelque chose de noble qui ne peut jamais faire rougir celui qui est sorti d'une révolution *pur* et les mains sans taches de *sang* et d'*or* mal acquis, et le héros de cette histoire a maintenant la douce jouissance de voir à Paris la *liberté* reconciliée avec la monarchie, et coiffée du panache d'Henri IV et du lys, emblême du bonheur de la France ; mais ne devançons pas encore l'époque où je suis devenu sage, en voyant Titus, Trajan et Marc-Aurèle sur le trône de la France. Etant encore dans ma première *exaltation*, je jetai un regard autour de moi dans la ville que je revins habiter à mon retour de Paris, et tout me parut couvert d'un voile lugubre qui n'était que dans mon imagination, agitée par les théories politiques de la France. Je fis des imprudences en croyant faire le bien, c'est ainsi que dans les *révolutions*, les hommes les plus purs s'égarent aux noms sacrés de vertu et de patrie : c'est ainsi qu'en France on ne déraisonna jamais autant que lorsqu'on eut des temples de la raison, et qu'on crut qu'un peuple entier allait devenir philosophe par *impromptu* et par *décret*. Je résolus d'aller habiter les rives de la Seine, où le trône populacier du roi de la canaille, Robespierre, était renversé, et où les regards des hommes sages se tournaient déjà secrètement vers Louis XVIII; et une liberté raisonnable qui est sortie de la tête de ce bon roi, comme Minerve de la tête de Jupiter. Les deux années que je passai à Paris en l'an 5 et 6, furent consacrées à la politique et à la littérature. Différens événemens me ramenèrent successivement dans la ville de .... et à Paris, où dans quelque position qu'on s'y trouve, on y sent beaucoup plus l'*existence* que dans les autres pays; car on vit plus à Paris dans un mois que partout ailleurs dans un an: l'imagination, les sens et la pensée y sont toujours en *activité*. L'âge des amours commençait à passer; j'avais tout *vu*, tout *connu*, tout *analysé*. Pour faire quelque chose de *nouveau*, je devins sage; la raison et l'amitié furent mes divinités, et pour me livrer totalement aux plaisirs intellectuels, sans exclure tout-à-fait les roses d'*Anacréon*, je vins me fixer à jamais à Paris, en ayant soin de me loger entre la grande bibliothèque de la rue Richelieu, le Palais Royal et le Rocher de Cancale. Paris m'offre le culte des arts, des lettres et de la philosophie. Ma raison sachant borner mes desirs, sous le premier roi de l'Europe, je trouve mes vœux realisés, mes goûts satisfaits, et le bonheur dans la médiocrité, selon le précepte d'Horace, de cet *Horace*, qui, ainsi que *Virgile*, aurait encore eu plus d'esprit et de plus nobles inspirations à la cour de Louis-le-Désiré qu'à celle d'Auguste.

COUPLETS

SUR L'HÉROISME DE M. GUELON-MARC.

AIR : Aussitôt que la lumière.

Ce vieillard couvert de gloire,
Digne d'éternel renom ;
Est célèbre dans l'Histoire,
Qui s'empare de son nom.
Fidèle à la monarchie,
Sans regret et sans effroi,
Il veut *immoler sa vie*
Au salut de son bon Roi.

Quelques Français en délire
Repoussent *Marc* et l'*honneur* ;
Mais la vertu, qui l'inspire,
Le soutient dans son malheur.

Dans un temps où l'on outrage
Les monarques et les dieux,
De *Marc* le noble *courage*
Alla *consoler* les *cieux*.

C'est se conduire en grand homme,
C'est prouver qu'un *vrai Français*
Surpasse un héros de Rome
En *valeur* comme en *hauts faits*.
Ton *nom* verra d'âge en âge,
Pour l'honneur de ton pays,
Recevoir partout l'hommage
D'être *inscrit* près de *Louis*.

Bellone, qui te décore
Dans un bosquet d'oliviers,
Désire long-temps encore
Te couronner de lauriers.
Que les couleurs de *Lutèce* (1)
Près du *lys* brillent sur toi;
Et dans ce jour d'allégresse,
Crions tous *vive le Roi!*

Nota. C'est au spirituel et éloquent M. de Foulaines à qui je dois la connaissance de la lettre sublime de M. Guelon-Marc à la *Convention*, et la lettre du *divin* Malesherbes à M. Guelon-Marc, de ce Malesherbes orgueil de sa famille, qui le prend pour modèle. M. Guelon-Marc a l'honneur de s'être associé aux noms immortels des *Malesherbes*, des *Desèze* et des *Hue*.

---

(1) Le *liseré bleu* de la Garde nationale de Paris.

BIBLIOTHEQUE NATIONALE DE FRANCE
3 7502 00999806 5

www.ingramcontent.com/pod-product-compliance
Ingram Content Group UK Ltd.
Pitfield, Milton Keynes, MK11 3LW, UK
UKHW021151230726
13926UKWH00001B/35

9 782019 273163